N° 333 (Bibliogr. 1778)

# LE CRI DES NATIONS.

1769.

# LE CRI
# DES
# NATIONS.

1769.



A GENEVE.

# LE CRI DES NATIONS.

ESPAGNE, qui fus le berceau des Jésuites; parlemens de France, qui depuis l'institution de cette milice armates toujours les lois contre elle; Portugal, qui n'avois que trop éprouvé le danger de leurs maximes; Naples, Sicile, Parme, Malthe, qui les avez connus, vous en avez enfin purgé vos états; non qu'il n'y eût parmi eux des hommes vertueux & utiles, mais parce qu'en général l'esprit de cet ordre étoit contraire aux intérêts des nations, & parce qu'en effet ils étoient les ſatellites d'un prince étranger.

C'eſt dans cette vue que la ſageſſe éclairée de preſque toutes les puiſſances catholiques, impoſe aujourd'hui le frein des lois à la licence des moines qui ſe croyoient indépendans des lois mêmes. Cette heureuſe révolution, qui paroiſſoit impoſſible dans le ſiecle paſſé, quoiqu'elle fût très-aiſée, a été reçue avec l'acclamation des peuples. Les hommes étant plus éclairés en ſont devenus plus ſages & moins malheureux. Ce changement auroit produit des excommunications, des interdits, des guerres civiles dans des temps de barbarie; mais dans le ſiecle de la raiſon on n'a entendu que des cris de joie.

Ces mêmes peuples qui béniſſent leurs Souverains & leurs Magiſtrats pour avoir commencé ce grand ouvrage, eſperent qu'il ne demeurera pas imparfait. On a chaſſé les Jéſuites, parce qu'ils étoient les principaux organes des prétentions de la Cour de Rome ; comment donc pourroit-on laisser subsister ces prétentions ? Quoi ! l'on punit ceux qui les soutiennent, & on se laisseroit opprimer par ceux qui les exercent !

## DES ANNATES.

D'où vient que la France, l'Espagne, l'Italie payent encore des Annates à l'évêque de Rome ? Les Rois conferent le bénéfice de l'épiscopat, l'église confère le Saint-Esprit. Ces deux dons n'ont certainement rien de commun. Les Rois ont fondé le bénéfice, qui consiste dans le revenu, ou bien il est aux droits des Seigneurs qui l'ont fondé. La nomination est donc le privilege de la couronne. C'est donc *par la grace unique du Roi*, & non par celle d'un évêque étranger, qu'un évêque est évêque. Ce n'est point le pape qui lui donne le Saint-Esprit ; il le reçoit de l'imposition de quelques autres évêques ses concitoyens. S'il paye au pape quelque argent pour la collation de son bénéfice ; c'est dans le fond un délit contre l'état ; s'il paye cet argent pour recevoir le Saint-Esprit, c'est une simonie ; il n'y a pas de milieu. On a voulu pallier ce marché qui offense la religion & la patrie, on n'a jamais pu le justifier.

Il est autorisé, dit-on, par le concordat entre le Roi François I, & le pape Léon X. Mais quoi ! parce qu'ils avoient alors besoin l'un de l'autre, parce que des intérêts passagers les réunirent, faut-il que l'état en souffre éternellement ? Faut-il payer à jamais ce qu'on ne doit pas ? Sera-t-on esclave au dix-huitieme siecle, parce qu'on fut imprudent au seizieme ?

## DES DISPENSES.

ON paye chérement à Rome la dispense pour épouser sa cousine & sa niece. Si ces mariages offensoient Dieu, quel pouvoir sur la terre auroit droit de les permettre? Si Dieu ne les réprouve pas, à quoi sert une dispense? S'il faut cette dispense, pourquoi un Champenois & un Picard doivent-ils la demander & la payer à un prêtre Italien? Ces Champenois & ces Picards n'ont-ils pas des tribunaux qui peuvent juger du contrat civil, & des curés qui administrent en vertu du contrat civil ce qui est du ressort du Sacrement?

N'est-ce pas une servitude honteuse, contraire au droit des gens, à la dignité des couronnes, à la religion & à la nature, de payer un étranger pour se marier dans sa patrie?

On a poussé cette tyrannie absurde jusqu'à prétendre que le pape ſeul a le droit d'accorder pour de l'argent à un filleul la permiſſion d'épouſer ſa marraine. Qu'eſt-ce qu'une marraine ? C'eſt une femme inutile ajoutée à un parrain néceſſaire, laquelle a de ſurcroît répondu pour vous que vous ſeriez chrétien. Or, parce qu'elle a dit que vous obſerveriez les Rites du Chriſtianiſme, ce ſera un crime de contracter avec elle un ſacrement du chriſtianiſme ! Et le pape ſeul pourra changer ce crime en une action méritoire & ſacrée moyennant une taxe !

Ce prétendu crime n'étoit pas moins grand entre un parrain & une marraine. Ils ont répondu qu'un enfant né à Baviere ſeroit chrétien, donc ils ne pourront jamais ſe marier ſi un prêtre de Rome ne leur fait payer chérement une diſpenſe ! Et c'eſt ainſi qu'on a traité les hommes ! Ils le méritoient, puiſqu'ils l'ont ſouffert.

## *De la Bulle* In Cœna Domini.

LA Bulle *In Cœna Domini* n'eſt pas à beaucoup près le monument le plus étrange de l'abſurde deſpotiſme ſi longtems affecté autrefois par la Cour de Rome. Les bulles des Grégoire VII, des Innocent IV, des Grégoire IX, des Boniface VIII, ont été ſans doute plus funeſtes; mais la bulle *In Cœna Domini* eſt d'autant plus remarquable, qu'elle a été forgée dans des temps où les hommes commençoient à ſortir de l'épaiſſe barbarie qui avoit ſi long-temps abruti toute l'Europe. L'Angleterre & la moitié du continent ſoulevées au ſeizieme ſiecle contre les uſurpations romaines, ſembloient avertir cette cour d'être modérée. Cependant au mépris de toute bienſéance & des droits divins & humains, l'évêque de Rome, Pie V, n'héſita pas à promulguer cette bulle qu'on fulmine à Rome tous les jeudis de la semaine sainte, avec les cérémonies les plus pompeuses & les plus lugubres. On excommunie en ce jour tous les Magistrats, tous les évêques, tous les hommes enfin qui appellent à un futur concile; tous les capitaines de vaisseaux qui courent la mer sur les côtes de l'état ecclésiastique; tous ceux qui arrêtent les pourvoyeurs des viandes destinées pour le pape; les rois, leurs chanceliers, leurs parlemens ou cours supérieures qui concourent à souffrir que le clergé paye des tributs à l'état, sous quelque dénomination que ce puisse être; tous les magistrats, & particuliérement les parlemens, qui s'opposent à la réception de la discipline du concile de Trente. Le pape seul peut absoudre ceux qui se rendent coupables de ces crimes énormes. Il faut qu'ils aillent demander pardon à Rome aux grands pénitenciers, qui doivent les frapper de leurs baguettes. Ainsi tous les parlemens de France doivent faire le pélérinage de Rome pour aller recevoir des coups de verges dans l'église de St. Pierre. Pourquoi non? Le grand Henri IV en reçut bien par procureur sur le dos des cardinaux d'Ossat & du Perron.

---

## *Des Juges délégués par Rome.*

UN curé de nos provinces est jugé en matiere purement ecclésiastique par l'officialité de son évêque. Il en appelle au métropolitain, du métropolitain au primat, n'est-ce pas assez? Faut-il une quatrieme juridiction pour achever sa ruine? Faut-il que Rome délégue de nouveaux juges? Cela s'appelle en appeler aux apôtres. Mais nous ne voyons pas que les apôtres ayent jamais rendu des arrêts à Jérusalem par appel de la juridiction des Gaules.

### *Quelle peut être la cause de toutes ces prétentions.*

LEs usurpations de la cour romaine sont grandes & ruineuses ; ses prétentions sont innombrables. Sur quoi sont-elles fondées ? Pourquoi l'évêque de Rome seroit-il le despote de l'église, le Souverain des lois & des rois ? Est-ce parce qu'il se nomme pape ? Mais ce titre est encore celui de tout prêtre de l'église grecque, mere de l'église romaine, & qui n'a jamais souscrit aux usurpations de sa fille. Est-ce parce que Jesus-Christ a dit expressément : *Il n'y aura parmi vous ni premiers ni derniers ?* Est-ce parce qu'il a dit : *Que celui qui voudroit s'élever au-dessus de ses freres seroit obligé de les servir ?*

Est-ce parce que les papes se sont dits successeurs de Saint Pierre ? Mais il est démontré que Saint Pierre n'a jamais eu aucune juridiction sur les apôtres ses confreres; & il n'est pas moins démontré que Saint Pierre n'a jamais été à Rome. S'il avoit fait ce voyage, les actes des apôtres en auroient parlé: la premiere église qu'on eût bâtie à Rome auroit été bâtie en l'honneur de Saint Pierre & non pas en l'honneur de St. Jean: l'église de St. Jean de Latran ne seroit pas encore regardée aujourd'hui par les romains comme la premiere église de l'occident.

Des auteurs qui ne sont pas des de Thou, un Abdias, un Marcel, un Hégésipe, écrivent que Simon Bar-jone, surnommé Pierre, vint à Rome sous l'empereur Néron; qu'il y rencontra Simon le magicien; qu'ils s'envoyerent l'un & l'autre faire des complimens par leurs chiens; qu'ils disputerent à qui ressusciteroit un parent de Néron qui venoit de mourir; que Simon le magicien n'opéra la résurrection qu'à moitié, & que l'autre Simon l'opéra entiérement; qu'ils se défierent enſuite à qui voleroit le plus haut dans l'air en préſence de l'Empereur ; que Simon Pierre en faiſant le ſigne de la croix fit tomber ſon rival de la moyenne région, ce qui fut cauſe qu'il ſe caſſa les deux jambes, & que Saint Pierre ayant vécu vingt-cinq ans à Rome ſous Néron, qui ne régna que treize années, fut crucifié la tête en bas.

Eſt-il poſſible que ce ſoit ſur de pareils contes que l'imbécillité humaine ait établi dans des temps barbares la plus énorme puiſſance qui ait jamais opprimé la terre, & en même temps la plus ſacrée ?

Ceux qui ont voulu donner une ombre de vraiſemblance à ces incompréhenſibles uſurpations, ont dit que Rome ayant été la capitale du monde politique, elle devoit être la capitale du monde chrétien. Mais par cette raiſon, ſi l'empereur Charlemagne avoit établi le ſigne de ſon empire à Vaugirard, ſi ſa race avoit conſervé ſa puiſſance au lieu de la démembrer ; s'il s'il y avoit eu enfin un évêque à Vaugirard, ce prélat auroit donc été le maître des empereurs, des rois & de l'église universelle.

Quand même Saint Pierre auroit fait le voyage de Rome; en quoi l'évêque de cette Ville auroit-il eu la prééminence sur les autres? Rome n'avoit point été le berceau du Christianisme, c'étoit Jérusalem. La primauté appartenoit naturellement à l'évêque de cette ville, comme les trésors appartiennent de droit à ceux sur le terrain desquels on les a trouvés.

*Fraudes dont on s'est appuyé pour autoriser une domination injuste.*

ON frémit quand on envisage ce long amas d'impostures, dont le tissu a formé enfin la thiare qui a opprimé tant de couronnes. Je ne parle pas des fausses constitutions apostoliques, des fausses citations, des mauvais vers attribués aux prétendues sybilles, des fausses lettres de Saint Paul à Seneque, des fausses recognitions du pape Clément, & de ce nombre innombrable de fraudes, qu'on appeloit autrefois fraudes pieuses. Je parle de la prétendue donation de Constantin, qui est du neuvieme siecle, & qu'on étoit obligé de croire sous peine d'excommunication. Je parle des absurdes décrétales qui ont été si long-temps le fondement du droit canon, & qui ont corrompu la jurisprudence de l'Europe. Je parle de la prétendue concession faite par Charlemagne à l'évêque de Rome, de la Sardaigne & de la Sicile, que ce monarque n'a jamais possédées. Chaque année ajouta un chaînon à la chaîne de fer, dont l'ambition revêtue des habits de la religion lioit les peuples ignorans. On ne peut faire un pas dans l'histoire sans y trouver des traces de ce mépris avec lequel Rome traita le genre humain, ne daignant pas même employer la vraisemblance pour le tromper.

*De l'indépendance des Souverains.*

SOuveraineté & dépendance sont contradictoires. Toute monarchie, toute république n'a que Dieu pour maître ; c'est le droit naturel, c'est le droit de propriété. Deux choses seules peuvent vous en priver, la force d'un brigand usurpateur, ou imbécillité. Les Goths s'emparent de l'Espagne par la force ; les Tartares s'emparent de l'Inde, Jean sans terre donne l'Angleterre au pape. On se réintegre dans le droit naturel contre l'usurpation quand on a du courage. On reprend son royaume des mains du pape quand on a le sens commun.

*Des royaumes donnés par les papes.*

QUiconque a lu ſait que les papes ont donné ou cru donner tous les royaumes de l'Europe, ſans en excepter aucun, depuis les montagnes glacées de la Norvege juſqu'au détroit de Gibraltar. Ceux qui n'ont pas lu, ne le croiront pas, parce que d'un côté ce comble d'audace, & de l'autre cet excès d'aviliſſement ſemblent incompréhenſibles.

Hildebrand, ou Childebrant, (moine de Cluni, pape ſous le nom de Grégoire VII,) eſt le premier qui au bout de mille ans pervertit à ce point le Chriſtianiſme. Il oſe citer l'empereur Henri IV à comparoître devant lui en 1076, il prononce contre cet empereur un arrêt de dépoſition la même année. *Je lui défends*, dit-il, *de gouverner le royaume teutonique, & je délie tous ſes ſujets de leur ſerment de fidélité.*

L'année ſuivante ayant ſoulevé contre lui l'Allemagne, il le force à venir lui demander pardon pieds nuds & revêtu d'un cilice.

En 1088, le même Childebrant donne de ſon autorité privée l'Empire à Rodolphe, Duc de Suabe.

Urbain II moine de Cluni, nommé Grégoire VII, marche ſur les mêmes traces.

Paſcal II va plus loin, il arme le fils de Henri IV contre ſon pere & en fait un parricide.

Enfin ce grand empereur meurt en 1106, dépouillé de l'Empire & réduit à l'indigence. On l'enterre à Liege; mais comme il étoit excommunié, ſon propre fils Henri V, le fait exhumer, & un manœuvre l'enterre à Spire dans une cave.

Après cet horrible exemple il eſt inutile de rapporter tous les attentats ſans nombre que les papes exercerent contre tant d'empereurs, & les calamités de la maiſon de Suabe.

Les papes ne permettoient pas qu'on lût l'écriture ſainte ; il ſuffiſoit qu'on ſût qu'ils étoient les vicaires de Dieu, & qu'en cette qualité ils devoient diſpoſer de tous les royaumes de la terre. C'étoit préciſément ce que le Diable propoſa à Jeſus-Chriſt ſur la montagne où il eſt dit qu'il le tranſporta.

---

### *Nouvelles preuves du droit de diſpoſer de tous les royaumes, prétendu par les papes.*

Il y a cent bulles d'évêques de Rome qui aſſurent expreſſément que les royaumes ne ſont que des conceſſions de la chaire pontificale. Arrêtons-nous à celle d'Adrian IV, au roi d'Angleterre Henri II, " On ne doute pas, & vous êtes per-
„ ſuadé que tout royaume chrétien eſt du
„ patrimoine de Saint Pierre, & que
„ l'Irlande & toutes les Iſles qui ont reçu

„ la foi, appartiennent à l'église romaine.
„ Nous apprenons que vous voulez sub-
„ juguer cette isle pour faire payer un
„ denier à Saint Pierre par chaque mai-
„ son, ce que nous vous accordons avec
„ plaisir, &c „.

Il n'est presque point d'état en Europe où des bulles à peu près semblables n'aient fait répandre des torrens de sang. Ne parlons ici que des papes qui oserent excommunier les rois de France, Robert, Philippe I, Philippe-Auguste, Louis VIII, pere de Saint Louis, excommunié par un simple légat, acceptant pour pénitence de payer au pape le dixieme de son revenu de deux années, & de se présenter nuds pieds & en chemise à la porte de Notre-Dame de Paris, avec une poignée de verges pour être fouetté par les chanoines; pénitence, dit-on, que ses domestiques accomplirent pour leur maître; Philippe-le-bel livré au Diable par Boniface VIII, son royaume en interdit

interdit (*) & transféré à Albert d'Autriche. Enfin le bon roi Louis XII, excommunié par Jules II, & la France mise

(*) Le commun des Lecteurs ignore la maniere dont on interdisoit un royaume. On croit que celui qui se disoit le pere commun des chrétiens se bornoit à priver une nation de toutes les fonctions du christianisme, afin qu'elle méritât sa grace en se révoltant contre le Souverain. Mais on observoit dans cette sentence des cérémonies qui doivent passer à la postérité. D'abord on défendoit à tout laïque d'entendre la messe & on n'en célébroit plus au maître-autel. On déclaroit l'air impur. On ôtoit tous les corps saints de leurs châsses, & on les étendoit par terre dans l'église couverts d'un voile. On dépendoit les cloches & on les enterroit dans des caveaux. Quiconque mouroit dans le temps de l'interdit étoit jeté à la voirie. Il étoit défendu de manger de la chair, de se raser, de se saluer. Enfin le royaume appartenoit de droit au premier occupant; mais le pape prenoit toujours soin d'annoncer ce droit par une bulle particuliere, dans laquelle il désignoit le prince qu'il gratifioit de la couronne vacante.

encore en interdit par ce vieux & fougueux ſoldat évêque de Rome.

Les plaies que les papes fauteurs de la ligue ont faites à la France, ont ſaigné trente années, depuis que le cordelier Sixte-quint eut l'audace d'appeler Henri IV, *génération bâtarde & déteſtable de la maiſon de Bourbon*, & de le déclarer incapable de poſſéder un ſeul de ſes héritages. Il faut le dire à nos contemporains, & les conjurer de redire à nos deſcendans que ce ſont ces ſeules maximes qui porterent le couteau dans le cœur du plus grand de nos héros & du meilleur de nos rois. Il faut en verſant des larmes ſur la deſtinée de ce grand homme, répéter qu'on eut une peine extrême à obtenir de Clément VIII, qu'il lui donnât une abſolution dont il n'avoit que faire, & à empêcher que ce pape n'inſérât dans cette abſolution, *qu'il réintégroit de ſa pleine autorité Henri IV dans le royaume de France.*

Quelques personnes plus confiantes qu'éclairées, veulent nous consoler en nous disant que ces abominations ne reviendront plus. Hélas ! qui vous l'a dit ? Le fanatisme est-il entiérement extirpé ? Ne savez-vous pas de quoi il est capable ? La plupart des honnêtes gens sont instruits, je l'avoue ; les maximes des parlemens sont dans nos bouches & dans nos cœurs ; mais la populace n'est-elle pas ce qu'elle étoit du temps d'Henri III, & de Henri IV ? N'est-elle pas toujours gouvernée par des moines ? N'est-elle pas trois cens fois au moins plus nombreuse que ceux qui ont reçu une éducation honnête ? N'est-ce pas enfin une traînée de poudre, à laquelle on peut mettre un jour le feu ?

Jusqu'à quand se contentera-t-on de palliatifs dans la plus horrible & la plus invétérée des maladies ? Jusqu'à quand se croira-t-on en pleine santé parce que nos maux ont quelque relâche ? C'est aux magiſtrats, c'eſt aux hommes qui partagent le fardeau du gouvernement à voir quelle digue ils peuvent mettre à des débordemens qui nous ont inondés depuis tant de ſiecles. Chaque pere de famille eſt conjuré de peſer ces grandes vérités; de les graver dans la tête de ſes enfans, & de préparer une poſtérité qui ne connoiſſe que les lois & la patrie.

On ſe ſert encore parmi nous du mot dangereux *des deux puiſſances*; mais Jeſus-Chriſt ne l'a jamais employé; il ne ſe trouve dans aucun pere de l'égliſe; il a été toujours inconnu à l'égliſe grecque: & en dernier lieu un évêque grec a été dépoſé par un ſynode d'évêques pour avoir uſé de cette expreſſion révoltante. Il n'y a qu'une puiſſance, celle du Souverain. L'égliſe conſeille, exhorte, dirige; le gouvernement commande. Non il n'eſt certes qu'une puiſſance. La cour de Rome a cru que c'étoit la ſienne; mais quel gouvernement ne secoue pas aujourd'hui le joug de cette absurde tyrannie ? Pourquoi donc le nom subsiste-t-il encore quand la chose même est détruite ? Pourquoi laisser sous la cendre un feu qui peut se rallumer ? N'y a-t-il pas assez de malheurs sur la terre sans mettre encore aux prises la discipline du Sacerdoce avec l'autorité souveraine ?

Nous n'entrons pas ici dans cette grande question, si les dignités temporelles conviennent à des ecclésiastiques de l'église de Jesus, qui leur a si expressément & si souvent ordonné d'y renoncer. Nous n'examinons point si dans des temps d'anarchie les évêques de Rome & d'Allemagne, les simples abbés ont dû s'emparer des droits régaliens ; c'est un objet de politique qui ne nous regarde pas ; nous respectons quiconque est revêtu du pouvoir suprême. Dieu nous préserve de vouloir troubler la paix des états, & de remuer des bornes posées depuis si long-temps! Nous ne voulons que soutenir les droits incontestables des rois, de toute la magistrature; de tous nos concitoyens; & nous nous flattons que ces droits sur lesquels repose la félicité publique, seront désormais inébranlables.

FIN.

www.ingramcontent.com/pod-product-compliance
Ingram Content Group UK Ltd.
Pitfield, Milton Keynes, MK11 3LW, UK
UKHW032031260826
14628UKWH00006B/2869

9 782019 71027